오고 가고 수목금

시인의일요일시집 **039**

오고가고 수목금

초판 1쇄 펴냄 2025년 10월 20일

지 은 이 길상호
펴 낸 이 김경희
펴 낸 곳 시인의일요일

표지·본문디자인 이율디자인
경영지원 양정열

출판등록 제2021-000085호
주　　소 경기도 용인시 기흥구 연원로42번길 2
전　　화 031-890-2004
팩　　스 031-890-2005
전자우편 sundaypoet@naver.com
블 로 그 https://blog.naver.com/sundaypoet

ISBN 979-11-92732-32-9(03810)

값 12,000원

오고 가고 수목금

길상호 시집

| 시인의 말 |

이름 없이
돌아다니는 발이 많다

이제는 불러도 오지 않는다

당신과 풀이 무성하다

차례

1부 흰 나무

물그릇 ……… 12
여름이니까 그냥 넘어가자 ……… 13
꽃을 흘리는 나무 ……… 14
왼쪽 어깨 ……… 16
야행성 ……… 18
수확 ……… 19
요양원 ……… 20
밤과 피아노 ……… 22
염소와 아이들 ……… 24
취침 전에 먹는 약이 있으니까 ……… 25
계속 그렇게 ……… 26
슬리퍼는 축축하고 ……… 27
의자를 빌려주는 ……… 28
4월 14일 ……… 30
조각구름 ……… 32
마지막 주머니 ……… 33

2부 이 빠진 계단

꽃을 줍다 봄이 다 갔네 ········ 36
건강한 하루 ········ 37
물을 길어 오는 길 ········ 38
골판지 ········ 40
종이접기 수업 중입니다 ········ 42
생산직 ········ 44
목소리는 왜 ········ 45
멀리서 나비 ········ 46
한 끼 식사 ········ 48
이사한 놀이 ········ 50
외우는 사람 ········ 51
잉크 ········ 52
저녁 무렵 커피는 ········ 54
빠랑게 ········ 56
노랑 ········ 58

3부 금 간 손

가만히 ⋯⋯ 62
산문이는 벚꽃 ⋯⋯ 64
물어는 비 ⋯⋯ 65
운문이는 구름 ⋯⋯ 66
밤의 소리 ⋯⋯ 68
다음에는 ⋯⋯ 69
방울토마토 ⋯⋯ 70
낡은 개 ⋯⋯ 72
징 ⋯⋯ 74
비스킷 ⋯⋯ 76
소포 ⋯⋯ 77
부품이 더는 나오지 않습니다 ⋯⋯ 78
여러분 안녕하세요 ⋯⋯ 80
뒤꿈치 ⋯⋯ 82
망자 ⋯⋯ 84
지지대 ⋯⋯ 85

4부   깨진 놀이

조심해야지 ······· 88
밤바치 ······· 90
흰 빨래 ······· 92
먼저 태어난 그는 ······· 93
심천 ······· 94
텃밭 ······· 96
끈적끈적 ······· 97
안개에 속아 여기 왔다 ······· 98
트레킹 ······· 100
보라색 ······· 102
심지어 천 년 후에도 ······· 103
다 쓴 물감 ······· 104

해설 ········ 105

우정의 한 기록 3—K에게 | 이정현(문학기고가)

1부

흰 나무

물그릇

출렁이는 얼굴을 오래 본다
어지럼증이 잠깐,

아직도 담배를 못 끊었냐
다그치는 사람이 있어 다행이라고
안개는 새벽부터 운다

마당이 휘었다가 펴지는 동안
크게 하품을 한다

물그릇은 이제 졸음이 몰려오는지
큰 눈을 감았다

여름이니까 그냥 넘어가자

<머물러가게>가 오픈했어요, 우리 집과 가까운 곳에 북카페가 생겼어요, 한낮에 책을 넘기면 땀을 거슬러 줄 수 있나요? 선인장만 창가에 앉아 책을 보았어요, 날카로운 눈으로 몇 구절을 해석해 냈어요, 그러다가 책을 덮었죠, 페이지를 열고 덮을 때마다 미세한 바람이 만들어졌어요, 콘트라베이스 넝쿨 어디까지 뻗어가는지 바라보고 있었죠, 주인의 머리카락이 구불구불했어요, 손님들은 하나같이 햇빛을 들고 이고 지고 출입했어요, 햇빛을 서재에 진열해 두고 커피를 시켰어요, <머물러가게>에서 한참을 머물러 있었어요, 장마가 시작되는 시기였어요

꽃을 흘리는 나무

수목장엔
철쭉이 피었었나 봅니다

그 비를 다 맞고
투명해진 꽃

가발 벗은 봄은
히죽히죽 웃습니다

밤이 오면
옆자리 뼈하고 손을 잡고 다닌다고

불을 지나 꽃을 지나
비를 흠뻑
그녀가 다가옵니다

감정 표현을 못 해
이름이 대신 철쭉을 쓰다듬습니다

상복을 모두 벗은 나무들
푸르러질 수 있을까요

수목장엔 모두
흰 꽃뿐입니다

왼쪽 어깨

새벽이 몸으로 와요
침대 스프링을 뽑아 왼쪽 어깨에 심을 거예요

관절약은 이제 안 먹고요
대신 비를 받아먹어요

봄은 무덥게 왔고
꽃은 무겁게 피고

물티슈를 한 장 뽑을 때마다
왼쪽 어깨에 먼지가 쌓여 저려요

오늘 일정은
그림을 몇 장 그리고
우두둑, 하루를 돌릴 거예요

저벅, 저벅, 저벅, 저벅

악몽이 어깨에 붙어 있어요
뒤에 옆에 앞에

왼쪽으론 웃지 마세요
왼쪽으론 돌아눕지 마세요

축제는 춤으로 시작해요
살결엔 절절한 사연이 쌓여 있죠

돌풍과 함께 많은 비가 예상된다고
날씨는 탕탕탕, 판결을 끝냈어요

야행성

 밤새 집으로 돌아가는 사람들을 배웅해, 저승으로 떠난 사람이 나를 기다려, 밤에 물든 까만 옷을 입고, 고양이는 밤에 돌아다닌다고 했지, 우리 사무실에만 불이 들어와 있어, 야식으로 발자국 몇 개를 줍다 의심이 생겼어, 하도 꺾어 신어서 씹을수록 아픈 맛이 나, 옆을 지키는 의자와 책과 수면제, 입을 벌리면 안 되는 것들, 오늘도 꿀꺽 넘겨버렸어

수확

감자가 없기에 누나를 캤어

내일은 조려 먹으면 돼
간장은 많이 준비했어

감자꽃은 원래 관상용이었다는데
어쩌다 저리 병상에 눕는 신세가 된 걸까

밤에는 흙 묻은 눈을 뜨고

요양원

윗지방은 아직 봄이 오지 않았습니다
가느다란 산의 종아리 산수유만 곪았습니다

눈이 한 번 더 내려야 한다고 합니다
수목장 장소는 이미 배정받았다고 했습니다

창이 누나 옆 침대에 나란히 누워 있었습니다
노란 수액이 해를 겨우 먹여 살렸습니다

면회 시간은 온라인 예배와 함께 끝났습니다
문은 활짝 열려서 나오기는 봄보다 쉬웠습니다

전원 버튼을 누르면 그걸로 끝,
리모컨은 옆 의자에 치웠습니다

아침의 숨소리는 또 작아졌습니다
간호사가 슬리퍼를 끌며 걸었습니다

그 병실로 끝내 봄은 면회 오지 않았습니다

밤과 피아노

검은 음반으로 채워진 곡이 있을까

그런 곡을 듣고 싶어지는
밤이다, 달이 없는

봄이라서 물감을 환한 색만 썼는데
노랑, 주황, 흰색, 연분홍

다 마르자 재만 남았다

얼굴 없는 여자가 머리맡에 앉아
이마를 누르면 이상한 소리가 나지

너의 주름은 연주하기가 어려워

엇박자가 많아
악보를 넘길 수 없어

화구를 다 정리해 놓고
그림은 이제 그리지 말아야지

느릿느릿 피아노가 물을 흘리는
그런 밤이다, 검은 물방울

동굴에선 기도를 해야 해
환한 소원만 제단에 올려놔야 해

밤은 앉아 있기 딱 좋다

염소와 아이들

  어제는 비가 많이 와 물이 불었네, 굼*도 없이 밤을 견딘 마을, 겁먹은 염소는 계곡 앞에 한참을 망설이네, 아이 하나가 먼저, 물을 건넌 대장 녀석 머리에 뿔이 돋아나네, 나이체** 초지를 찾아가는 길, 아이들은 좁다란 길 차례차례, 풀이 되었다가 오솔길 되었다가 계곡이 되었다가 아기 염소 되었다가, 구름이 산 중턱에 앉아 흐뭇한 얼굴로 보네, 음메에에에 메아리 몰려오면, 염소들은 수염 덥수룩한 웃음을 던지고, 마을은 저 아래 점점 멀어져 가네, 젖은 아이 바짓가랑이를 한 녀석이 다가와 핥네, 아침은 뿔 자란 아이 얼굴을 맑게 비추네

* 비 올 때 사용하는 옷, 도롱이와 같은 역할.
** 안나푸르나 산속에 있는 구룽족 마을.

취침 전에 먹는 약이 있으니까

그걸 먹이면 돼요, 그러지 말고 가방을 열어 그걸 먹이라니까요, 그럼 조용히 잘 거니까, 온 세상이 꿈에 빠질 거니까, 그가 자면 우리 다시 놀아요, 재미있게 웃으며 방을 뛰어다녀요

계속 그렇게

　이번 계절은 비와 함께하기로 했어요, 불쾌지수가 높은 날은 앞집 박태기를 불러 놀아요, 붉은 물방울을 주렁주렁 꽃피우던 나무, 그늘이 동그랗게 번져가면 우산을 씌워주고요, 우리 같이 신어야 하니까 큰 신발을 주문했어요, 가지마다 내게 와 몸을 털고요, 눈동자가 물구덩이처럼 점점 깊어졌어요, 비닐우산 가느다란 손목을 잡고 그 길을 같이 걷기로 했어요, 안녕 안녕 안녕에는 오는 비 가는 비가 있어요, 자음은 쉽게 모음에 스며들어 잊힐 거예요, 만나고 헤어지는 것마다 눅눅한 인사를 해요, 어떤 건 웃고 어떤 건 고개 돌리고, 그렇게 지나치는 거죠, 흠뻑 적시기만 하고 우산은 혼자 없어졌어요

슬리퍼는 축축하고

담배를 피우다
누군가 보니
누나였다

연기는 멍하게 서 있다가
하늘로 올라갔다

이제 그만이라고
젖은 슬리퍼만 밖에 두고

나비가
날개 문을 닫았다

의자를 빌려주는

발판이 필요해
신과 조금 더 가까이 있고 싶어

대문 앞에 대나무를 세워놓는 무당들
쌀알 중심에 앉아 점괘를 보지

당신의 등을 내주면
한 발 높이 갈 수 있는데

증명사진을 찍으려 앉았는데
찰깍 순식간에 나타났다 사라지는 신

바닥을 보는 일은 자신 없어
뭐라도 밟을 게 필요해

담을 넘어야 하는데
앞이 다 무너져 버렸어

페루에 가면
일인용 의자를 5,000원에 빌릴 수 있다는데

얼굴색부터 어두워
낯이 없는 계층으로 태어났어

가계도를 유지하기 위해선
더 견고한 거짓말을 짜야 해

4월 14일

오늘은 일요일이다

누군가는 서울서 온 손님을 맞고

누군가는 절에 가서 백팔배를 하고

누군가는 기도를 묵주를 돌릴 것이다

믿음도 동전처럼 차곡차곡 모을 수 있다면 얼마나 좋을까

날씨도 좋고
산책을 할까 빵집에 갈까 커피를 한잔할까

누군가는 우리 인연이라고

누군가는 우리 인연이 아니었다고

고백을 전할 것이다

다 떨어진 벚나무 아래
이 꽃이 다 피었을 때는 무척 예뻤겠다

후회를 따먹는 새가 있다

누군가는 의자에 앉아 사람을 기다리고

누군가는 병실에 누워 죽음을 기다리고

누군가는 주사기를 들고 복도를 왔다 갔다

오늘은 다른 꽃이 피었다

진 꽃을 대신한 게 아니다

조각구름

카페 야외에서 모과나무와 감나무와 가죽나무와 목련과 둥그렇게 모여 앉아 직박구리를 봅니다, 꽃을 먹는 저 새는 이름이 뭐지, 나이테마다 질문을 꽁꽁 묶어두고, 책과 음악과 커피를 저어가면서 저녁을 봅니다, 초승달이 이 집과 잘 어울리네요, 목련은 잎을 피우고 썩은 모과가 하늘하늘 떠 있는 날, 이 근처에 묵을 만한 곳이 있나요, 초승달은 몇 년째 여행 중이죠, 살이 찌기도 하고 빠지기도 하면서 영원히 떠도는 사람을 아나요, 오늘 날씨가 좋죠, 이상하게 구름은 다 흩어졌어요, 이제 문을 닫아야 해요

마지막 주머니

아무리 뒤져도
나오지 않는 것이 있었다

봄은 노란 빨간 주머니마다
손을 푹 찔러 넣고서
모른 체 지나갔다

우울한 사람들이 자두나무 아래 모여
식후의 커피 한 잔

캄캄해져서
구멍이 뚫려서

어디 흘린 거 아닌지 걱정이 앞설 때

당신은
늘
마지막 주머니에서 나왔다

2부 | 이 빠진 계단

꽃을 줍다 봄이 다 갔네

　옆집 꽃은 우리 집으로 지고 앞집 고양이는 우리 집 텃밭에 와 볼일을 보고 뒷집 불빛은 담을 넘기 일쑤고, 그래, 그래야 사촌이지 이웃이지, 좁은 마당에 민들레 벙글고 저 멀리 냉이가 흘끗 꽃을 피우고, 꽃의 족보를 헤아리다 그만그만 가는 비 내리고, 젖은 상념이 또 지나가고, 담배를 사 와 연기를 만들고, 그 안을 터벅터벅 걷고, 옆집에도 앞집에도 뒷집에도 저녁은 오고, 꽃을 줍던 손이 어둑해지고

건강한 하루

 비 맞은 아침을 산책해요 얼마 전에 아내를 보낸 매형이 벌써 일어났고요 우산은 자꾸 풍경을 가려요 살을 많이 찌워야겠구나 너무 말랐어 술도 안 마셨는데 제일 많이 들은 이야기는 숙취처럼 남고요 아침이 비와 함께 휘어져 내려요 어제의 껍질을 핥던 고양이는 보이지 않고요 안개와 까마귀가 산에 가득해요 찰칵찰칵, 반쯤 사라진 사람을 찍으며 걷고 있어요 다들 잘 잤나요 의자는 간밤에 고인 빗물이 무겁고요 하우스에선 여름이 무럭무럭 자라고요 이제는 다 털어버려야 해요 건강한 하루를 시작할 시간이에요 어지럼증을 앓고 있는 기압선은 지날 거라 했어요 그렇게 밝은 아침은 늘 구석에만 앉아요

물을 길어 오는 길

야크들을 위해 물은 얼지 않아요
목소리가 떨리는데 단단해질 틈 어디 있어요

아이들은 학교에서 배운 대로 나란히
미루나무가 먼지 한 줌씩 배급하고 있어요

하늘은 종일 방목을 나가고
바람이 골짜기 길 엎드려 걸어요

물을 긷느라 다들 허리가 휘었어요
목에선 가느다란 노래 흥얼흥얼 흘러나와요

생각보다 많은 생각이 머리에 담겨 있어요
당신은 몇 번이나 채찍을 드나요

물통은 평생 지고 가야 할 목마름
집은 우두커니 카펫을 짜고 있겠죠

풀어놓은 구름이 방목지의 풀을 다 뜯고
우리로 돌아오는 저녁이에요

멀리서 그녀가 손을 흔들어요
길이 휘청거리다 물을 쏟아요

골판지

해부해 보니 뼈는 비어 있었다

하루하루 박스에 넣어
신도로도 포장하고 신으로도 포장하고

무화과로 포장할 때는
잠시 눈치가 보였다

바닥이 흥건해지지 않으면
작아도 썩어도 상관없었다

몰래, 흉터마다 계단을 욱여넣었다

겉으로는 아닌 척,
미끈하게 살아냈다

나를, 잠깐이었는데
전봇대 아래 놓았더니

누가 가져가 버렸다

골판지를 오릴 때마다
여기저기 피가 맺혔다

종이접기 수업 중입니다

점선대로 접었을 뿐이에요
빨간 선은 안으로 파란 선은 밖으로

하늘을 접었더니
그건 비행운이래요

어쩐지 점점 부푼다 했어요
세상에는 변하는 선들만 있어요

여긴 풀로 붙이세요
오공본드가 있으면 더 좋고요

나무는 접기가 어려워요
새들 날아가면 떨어지고 날아가면 떨어지고

자르고 풀칠하고 세우고
색칠해야 하는데

접은 것만 수북이 쌓여 있어요

생산직

  숲이 나무를 일으켜 세워 시간을 만든다, 도끼가 사선을 그으면 달이 몇 토막 나고, 밤비는 피식피식 그걸 주워다 때며 졸음을 견뎠다, 나무는 늦게 산책 나온 사람들에게 잔업을 나눠주고, 3번 라인은 계속 등산화와 등산복을 나른다, 무릎을 두드리고 팔목을 돌리면서 올라가는 오솔길, 오늘이 다른 팀으로 발령 나면 그 자리에 내일이 왔다, 쓰러진 나무의 등마다 푸르게 하품이 끼었다, 썩은 나무는 버섯을 만들어야 해, 이를 악물고 죽지 않으려 발버둥 쳤다, 숲은 그렇게 또 푸르렀다

목소리는 왜

 메아리는 계곡에 떨어져 죽었어요, 더는 기다리지 말아요, 구급대원이 몰려오고 들것이 동원되고 아주 비참했어요, 메아리의 추락을 아무도 상상하지 못했기에 더 큰일이었어요, 관광객이 그 현장을 구경하려고 갑자기 늘었어요, 메아리의 주인은 하산을 했다고 해요, 지나치던 등산객의 증언이라 신빙성은 없어요, 더는 그도 찾지 말아요, 입에 고이기 시작한 소문이 깨끗하게 흔적을 지워줄 거예요

멀리서 나비

나비는
저 세상에서 날아왔다

더듬더듬 한국어를 하며
두 팔을 훨훨거렸다

옆방
전화 목소리가 흔들렸다

비행기는 뜨지 않고
지각판이 이동하면 집에 닿을까

먼저 간 사람들과
만나면 무슨 말을 해야 하나

나비는
그의 등에 오래 머물렀다

그가 꽃이 된
시간은 아주 짧았다

애인 사진이 날아갔다

손끝에는
비늘만 가득 묻었다

한 끼 식사

이런 요리법은 처음일걸요
인터넷을 뒤져도 나오지 않아요
건널목을 건져낼 때는 잘 살펴야 해요
가끔 길을 건너던 사람이 딸려 오면
발자국마다 쓴맛이 나거든요
걷어낼 건 걷어가면서 만들어야 해요
후루룩 후루룩, 그냥 넘기세요
투명한 국수로 점심을 먹어요
아침 건너 배를 채운 다음에 조금 남는 건
귀에 넣으면 돼요
맺히는 물방울 몇 꼬집 양념으로 넣고요
새와 고양이 울음은
맑게 우려내 국물로 사용해요
눈동자에 속지 마세요
국물이 흐려지면 대개 그 탓이에요
이에 낀 자오선을 빼내면
점심 한 끼 해결됐어요
그녀의 웃음은 버리지 말고

밤 칸에 두고두고 들으세요

이사한 놀이

  한 번 갇히면 영원히 달로 놀아야 합니다, 골목은 얇고 긴데 출구가 없습니다, 들어가면 닫혀버리는 문, 흑백의 새들은 머리에 앉아 그녀의 기분을 살피고, 갈라진 벽을 덧칠하며 가끔은 물감을 얼굴에도 바릅니다, 민들레도 이사를 가고, 노랑이 하나 줄었습니다, 여기는 조금 있다 재개발, 떠나면 새로운 삶을 살아야 하는데 그게 잘 안됩니다, 집의 주인은 나무인 경우가 많고, 가지 밑에서 그녀 공기놀이를 합니다, 혼자 하는 놀이는 오래 즐길 수 있지요, 부스럭부스럭 가끔은 담이 잠꼬대를 합니다

외우는 사람

벽이 무너지지 말라고 그 밑에 들어간 사람, 불이 꺼지면 곤란하다고 제 기름을 짠 사람, 바닥에 떨어지면 깨진다고 발바닥 손바닥 다 내어 준 사람, 책과 함께 접혀서 허리를 펴지 못하는 사람, 의자가 되어 굳은살을 앉혀준 사람, 파도가 왔다가 파도가 떠나는 사람, 빈 심장을 너울너울 흘려버린 사람, 깊은 한숨에 한 삽 중얼중얼을 뿌리는 사람, 후- 담배 연기 모아 일생을 만드는 사람, 천천히 천천히 저녁 숲길로 들어선 사람, 나무와 함께 드러누워 이끼가 낀 사람, 너무 맑아 담그면 손 시린 사람

잉크

잘못 번져 버렸다
의도와는 너무 달랐다

끝낼 때 끝내야지 계속하면 시커메질 거야

알았지만
이미 잉크를 사랑하고 있었다

밤이면 크크크크, 웃음이 번져 와
꿈까지 까맣게 물들였다

이 장을 뜯어내고 다음 장을 뜯어내고
다 비워도 소용없었다

뼈대만 남은 노트

쓰거나 그리거나
똑같은 일이었다

그를 생각하면
그림자만 남아서

얇은 사람이 휘청이며 걸어갔다

뒤를 따르면
조금씩 어두워졌다

새벽이 야옹 야옹
목청을 다해 울어댔다

번진 잉크를 뒤적여
간신히 그의 눈빛을 건져 올렸다

아침마다 손이 까맸다

저녁 무렵 커피는

떠나고 싶다 생각을 했다

아픈 누나가 준 카메라를 들고 가
마지막 사진은 행복하게 즐겁게

라떼를 마시면서 저녁을 맞았다
갈아 온 원두에 물을 부었다

불을 올리고서
저녁의 고양이들은 부드러워졌을까

한 번 저으면 이런 무늬가 되고
두 번 저으면 도망을 가고

아쉬운 것들과 함께 돌아다니고 싶었다

커피숍에 들러
야외의 소리들과 맞담배를 피우며

어두워지고 싶었다

수고했다고 처진 등을 다독이면서
들숨 한 번 크게 쉬고

오래된 여관에 들고 싶었다

빠랑게*

사다리가 멀리 도망갔어요

매달려서
이 세계를 감당할 수밖에 없는데
험난과 손잡고 고소공포증이 밑에 왔어요

꿀과 젖이 흐르는 땅은 영락없이 절벽을 갖고 있어요

가늠할 수 없는 곳에
당신은 편안히 앉아요

단답까니** 길은 수시로 바뀌니
잘 따라가도 잃는 게 많아요

대나무 끈은 불에 잘 타지 않아
사다리에 반드시 사용하지요

대를 이어온 벌들

서로는 서로에게 위험이지요

누구 하나 빠지면 끊어지지요

도망간 사다리를 붙잡아
땅과 하늘을 이어 붙여요

절벽에서 춤추는 사람들이 있어요
절벽을 기어오르는 음악이 있어요

* 히말라야 지역 절벽에서 석청을 따는 사람들.
** 히말라야 산자락 해발 약 2,500m에 자리한 마을.

노랑

민들레는 들과 산의 갈라진 틈을 칠했어요
그런다고 들과 산이 다시 만날 일은 없어요

나비를 본 게 꿈인지 현실인지
하여튼 올해 처음이라 절을 했어요

유화물감은 왜 이리 마르지 않는 거예요
노란색, 노란색,
영양결핍이면 손가락부터 노래져

아크릴을 주문했어요
노란 앵무는 말이 없어요

두츠*의 노란색은 희망이라 하던데
전화는 오다가 끊어지고 아침이 끊어지고

일어나면 온통 자투리뿐이에요
민들레는 거기서 흥얼거려요

쓰는 건 의무
칠하는 건 사명

빈 곳이 없도록 꼼꼼하게 메워야 해
모내기를 하면서 아버지는 차례차례 비석을 심었죠

앉았다 일어나면 어지러워요
손끝이 저려요

노란 얼굴 들어 나를 보세요

* 세네갈 출신의 화가.

3부

금간손

가만히

선명하지 않은 발로 걸어 다닌다

엄마가 홀려 방문을 연다

너의 목을 가만히
너의 입을 가만히

장미는 넝쿨을 풀고 새벽에서 물러났다

우리에게는
가만히 헤어질 의무가 있다

액자는 거기 그대로 움직이지 않는다

깨지 않아도 금이 가고
엄마 아빠는 합장을 풀고 땅에서 일어났다

선명하지 않은 손으로 어루만진다

당신 얼굴이
가만히
사라진다

산문이*는 벚꽃

독산동 빌라 꽃이 피었습니다
어깨 위에 내려앉은 고양이
꽃에 긁히면 핏방울 송이송이 활짝
산문이는 피를 한참이나 바라봅니다
꽃이 벌어지는 속도로 봅니다
그 눈동자는 너무 얇아
오래 보면 찢어질 것 같아서
가만히 책에 끼워 담았습니다
마지막 장을 오줌으로 적셔 놓더니
산문이의 페이지는 짧았습니다
벚꽃은 서둘러 집니다
야옹 야옹 야옹
바닥에 바닥이 쌓입니다

* 벚나무 아래 유골을 뿌린 고양이.

물어*는 비

고양이가 창턱에서 비를 보고 있어요
<생각하는 사람>**보다 진지하게 자세를 잡아요
흠뻑 젖어 생각하던 사람은 방으로 가고
물어는 빗방울 같은 눈동자를 가졌어요
젖은 눈, 떨어질 듯 흔들리는 눈, 웅덩이를 만드는 눈
그렇게 나를 바라보지 말아요
비를 하나 물어 혀 안에 굴리다가 꿀꺽,
하루를 목에 넘기고 물을 마셔요
그날부터 물어의 눈에는 항상 비가 내려요
물어를 보면 나도 축축한 사람
한때는 물어의 빗방울에 갇혀 잠을 잤어요
먹구름이 몰려오더니
물어, 물어, 물어가 한 방울씩 바닥을 적셔요

* 비 오는 날 무지개다리를 건넌 나의 첫 고양이.
** 로댕의 작품.

운문이는* 구름

까만색이 많으니까 먹구름

동물병원에 전화번호를 잘못 적어 놔
마지막 말을 전하지 못했다

조만간 장마가 시작될 거라 했다

다들 무서워했지만
겁이 제일 많은 고양이

밤을 뒤집어쓰고 숨어 작게 울었다

천둥이 치고 번개가 일고
잠은 좀처럼 오지 않았다

밖에는 나가지 않았다

구름만 하늘을 다 뒤덮었다

약을 먹어도 개지 않았다

* 마지막을 함께하지 못한 고양이.

밤의 소리

더는 볼 수 없는 고양이들을 앉히고 시낭송회를 합니다 물어 운문이 산문이, 아직 살아 있는 꽁트가 착석합니다 이제 다 모였으니 시작하겠습니다 야옹 야옹 야옹 한여름 밤이 무거운 음악을 깔아주고 있습니다 귀를 닫아걸었던 상추가 깨어나 잠깐 바라보다 다시 잡니다 흩어졌던 영혼들 모여 하품을 합니다 살아 있을 땐 입을 연 적 없는 듯 하품도 모두 즐겁습니다 낭송을 같이하고 싶지만 그들의 목엔 소리가 없습니다 물어 운문이 산문이는 제가 등장하는 장면에서 고개를 돌립니다 들키지 말아야 할 야옹은 그렇게 만들어집니다

다음에는

골밀도 검사를 해야 약을 탈 수 있다네요, 두츠의 작업을 따라 골판지를 사용하기 시작했는데, 골 빈 사람이라고 하면 어쩌죠, 벌써 알 사람은 다 아니 괜찮은가요? 오동나무도 속이 없어요, 당신을 채울 관 준비했어요, 곧 없어질 사람, 당신이 가면 집도 비게 되겠죠? 길자 관자 영자 당신 이름이 텅텅 울리는, 여기는 어떤 터널인가요? 질문이 많아 미안해요, 그냥 헛소리라고 생각하세요

방울토마토

혈당 침을 누를 때마다
손가락 끝에 빨간 열매가 달려요

해도 달도 방울토마토
잘 익은, 곪은 게 하늘에도 있지요

당신의 두 눈을
오물오물 삼키고 있어요

날을 지새면 익는

오늘도 무척 무더울 것 같아요
아침부터 하늘이 맑아요

개미들은 시원한 곳으로
피난 행렬을 이루고

그늘에선 한 움큼

방울토마토가 익고 있어요

방울방울 하나씩 붙여야 완성되는 그림
빨간색은 하나도 없고

온통 붉어지려는 색만 있어요

꽁트는 아침부터 끝에 매달려 울어요
동그란 걸 삼킨 게 분명해요

낡은 개

벽화마을 개는 금이 가도 짖지 않았습니다

그린 대로 앉아 먹구름만 핥을 뿐

계절이 지나가면서 카메라를 들이밀고

반쯤 무너진 사람이 서 있어도

꼬리를 들지 않았습니다

새로 들어선 커피숍이 뜨는 동네

골목은 전지를 해주는 사람이 없어 무성하게 뻗어가고

다리가 아파, 다리가 아파

오르막만 있는 동네는 가기가 싫어

개의 엉덩이에 흙물이 튀었습니다

비가 몇 번 더 오면

그 마을 개는 어디론가 떠날 겁니다

징

잠깐 등장하는 사람입니다

그늘숲은
시끄러운 잎을 단 나무들 때문에
갈 수 없습니다

박자를 기다리다가
때가 되면 움직여야 합니다

염소가 뜯어먹는 집에 살아서
이렇게 누추해졌습니다

행렬의 맨 뒤
따라가면서 리듬을 타면서
발을 구릅니다

휘몰아서 종종 나타나는 경우도 있습니다

나무들이 빙글 나이테를 돌리며
상모를 썼습니다

딱새가 시끄럽다고
다른 데로 날아갑니다

숲이 잠시 누웠다가
나무들 다시 시작합니다

안개가 피어납니다
물방울 행렬이 원을 그립니다

나는 아주 잠깐 등장합니다

그러나 이 무리에서 빠질 수 없습니다

비스킷

　여기 부스러기가 잔뜩 흩어져 있네요, 과자 따먹기 놀이처럼 밤마다 뜀뛰기를 한 게 이유가 있었네요, 빨간 줄을 이용해 중요 표시한 것도 사연이 있었고요, 조각을 맞춰보면 가물치도 있고 가물가물도 있고, 줄줄줄, 손톱마다 곰팡이 가득해요, 비스킷엔 어떤 은유가 첨가돼 있을 거예요, 너무 커서 안 넘어가 마지막엔 당신을 반으로 쪼개셨네요, 그의 영혼은 바삭할 거예요, 나한테 뭐라 하지 마세요, 우린 이미 부서졌어요

소포

 아무리 검색해도 그 집은 주소가 없어, 우편번호를 찾아야 하는데 누가 내버렸어, 상자에 에어캡을 깔고 잘 넣어 두었는데, 포장을 마치고도 보낼 수 없어, 불 켜진 집, 따뜻한 방, 밤을 다 뒤져도 찾을 수 없어, 봄은 아직인데 여름이 찾아왔어, 신발장에 푸른 잎이 가득하다고 당신만 오면 된다고, 그래서 소주를 한 병 마셨어, 우편물은 죄다 가출해 버리고, 주소를 잊은 지 오래야, 너의 얼굴도 이름도 생각이 안 나, 골목 끝 집에 닿을 거야, 비틀거리는 글자를 모아 새로운 집 지을 거야

부품이 더는 나오지 않습니다

인생을 싹 바꾸기에는 너무 자랐습니다

가지는 피고 지는 사이에 꺾여 있습니다

상갓집에 가야 해서 오늘은 휴업

오전 내내 문장을 수리하며 시간을 보냈습니다

하나님 앞에서는 바지를 털어 예의를 갖추세요

귀신은 손이 뭉개져 악수할 수 없습니다

홀쭉해진 당신은 몇 년째 방치되어 있습니다

액자마다 검은 줄을 그어야 될 때

길에 약을 한 알씩 떨어뜨리며 걸었습니다

돌아가는 중에는 폐지를 팔았습니다

여러분 안녕하세요*

어서 창을 열어요
긴 밭이 더 길어지고 있어요

아버지는 아침부터 목이 막혀서
켁_켁켁_켁켁켁_켁_

베개엔 침이 가득
꿈이 엎지른 물은 어쩔 수 없고

무덤에 들어가서도
컥_켁켁_켁켁켁_컥_

모과는 반쯤 썩어서
반의 향기를 날리고

투명하고 검은 사람이 씨-익
다음은 너니까 기다리고 있어,

다음은 너, 다음은 너, 다음은 너
구절은 점차 길어지고 있어요

형이 둘이나 죽고
누나가 요양원에 갔는데

내 차례는 언제 오나요

다시 아침이 왔어요
어서 일어나 준비를 해야죠

북창이 밝아오고 있어요

* 남구만의 시조 「동창이 밝았느냐」 변용.

뒤꿈치

갈라진 골목을 뒤꿈치라 부른다

새벽도 오래 걸었으니 분명 저런 발을 가졌을 것이다

구름을 잔뜩 바른 오후 하늘이 터벅터벅 북쪽으로 간다

어두운 얼굴로 당신은 갈라진 모란 이불을 걷는다

저 비둘기는 뒤꿈치를 모아 부리를 만들었다

파란 플라스틱 의자는 저기 너무 오래 있었다

햇빛이, 달빛이, 안개가, 비가, 이슬이, 바람이

거쳐서 갔다, 윤회가 앉았다 갔다

저 껍질을 갖고 있는 나무를 뒤꿈치라 부른다

뒤꿈치 뒤에 딱 붙어 잠든다

망자

  타지 않는 뼈가 웃었다, 옆에선 즐거운 파티가 이어졌다, 죽은 사람과 산 사람이 어울려 빙글빙글 돌았다, 소똥으로 쌓은 탑이 훨훨 춤에 동참했다, 망자는 우두커니 바그마티*, 메마른 강아지가 와서 꼬리를 흔들었다, 벽에 찍힌 손자국은 누구의 것일까, 흙탕물이 다 쓸고 지나가도 망자의 엉킨 어깨는 풀리지 않았다, 신자들은 꼬아 만든 일만 가닥의 연기를 가져와 신에게 바쳤다, 파괴해야 다른 걸 짓지, 늙은이는 죽어 줘야 젊은이들이 살지, 시바**와 원숭이와 바나나가 뛰어다니며 놀고 주검이 뜨거워졌다, 다음 생으로 떠나는 사람에게 아이들은 노잣돈을 주워 건넸다

  * 네팔 힌두교에서 신성시하는 강. 카트만두를 지나 인도 갠지스강으로 흘러감.
  * 파괴의 신으로 힌두교 3대 신 가운데 하나.

지지대

약을 묶고 간신히 버팁니다

바이러스제, 당뇨약, 영양제, 수면제
즐거운 한약, 양약

간밤에 고추가 넘어졌습니다
줄기 갖고 있는 것의 운명입니다

집 앞 전봇대가 쓰러졌습니다
까마귀도 기회다 싶어 기울어졌습니다

그만 바닥에 눕고 싶은데
자리마다 물이 흥건합니다

물어, 산문이, 운문이
이제 꽁트 하나 남았습니다

물론 앞집 옥상을 오가는

얼룩이가 하나 더 있긴 하지만

지지대로 쓰기엔 아직 너무 어립니다

일찍 일어나
아침을 일으켜

지지대를 꽂는 중입니다

4부 깨진 놀이

조심해야지

뒤꿈치를 들어 걸어요

문을 쾅
약을 꿀꺽
다 허용이 안 돼요

향을 피우면 안 돼요

소리와 냄새는
벽을 통과해 다니니까

이번 기회에 성대를 없애는 건 어때요

당신의 취향을 고집하지 마세요
그것도 불이 붙으면 냄새를 풍길 수 있어요

전화기는 무음으로 해두시고요
말하자면 여긴 공공장소

해도 입 다물고 뜨는데
소리 안 나게 그렇게 걷는데

무엇으로부터 조심해야 하는 건가요?

쉿!
목소리를 줄이세요
질문은 사절이에요

밤바치*

겹겹 안개에게 기도하는 동네가 있다네

돌을 넘겨 가재를 읽고 울퉁불퉁 바닥을 읽고
물을 다 읽고 나면 여길 나가야지

고립을 기르다가 고립이 제 덩치보다 커지면
훌쩍 산길이 혼자 뜀박질도 하는 동네 있다네

목이 쉬어 저녁은 오고
밤하늘 갈아 씨 뿌리는 하나님이 있다네

다래 순으로 음악을 짓던 곳
기슭에서 살아가는 사람들 회의 하는 곳

안건은 풀이 되기도 하고 물이 되기도 하고
문 닫은 분교 운동장만 철봉을 하네

바위가 이장을 맡은 동네 있다네

이곳저곳 비느라 사람들 등은 굽고

하나님도 주름을 보이며 눈부시게 웃는
주소도 아득한 동네

한번 들어간 시내버스는 보이질 않네

* 강원도 홍천군 내면 살둔마을에 위치함.

흰 빨래

눈동자는 조각조각, 할머니가 널어놓은 빨래 눈이 부셔요. 일급수에 너무 오래 머물면 먹을 게 없어 죽어요. 옷에 묻은 손자국을 보고 싶어, 내가 태어난 날은 얼룩을 반죽해 빚은 걸. 털이 많이 날리니까 동물은 밖에서 키울 것. 털을 떼는 게 얼마나 어려운데, 눈이 침침해서 더욱. 얼룩이 지금껏 나를 키워 왔는데 그렇게 함부로 대하면 안 되죠. 따라다니는 이미지가 있어요. 불붙은 쥐가 사방으로 퍼지는. 얼지 마, 죽지마, 부활할거야*에서 본 것 같은데. 이제는 확실한 게 하나도 없어요. 당신이 살아 있는 것도 사실인지 알 수 없어요. 빨래 이야기를 하다 딴 데로 빠졌네요. 하여튼 할머니는 빨래로 눈을 멀게 했죠. 눈에 기름을 몇 방울 떨어뜨리고 라이터를 켜면 완성되는. 하하하 하얀 웃음이 빠졌어요. 거기 이빨만 널려있었죠.

---

* 비탈리 카네프스키 감독의 1998년 프랑스 영화.

먼저 태어난 그는

 이 생은 늦었는데 동백은 멀뚱멀뚱 동백 뒤 향기는 가만가만 그 뒤의 놀란 밤이 쉽게 일어나지 못한다. 도대체가 이곳 조바심엔 속도가 없다. 앞차는 깨끗하게 거기 서 있다

심천

젓던 노를 뱃전에 올렸다
다음 역으로 저어 건널 수 없었다

가게들 바닥을 긁어
양재기마다 더러운 어둠 쏟아놓기 전에

약국이 자장면집이 방앗간이
더 갈라지기 전에

기차는 당도해야 했다
구름도 정체되는지 날이 꾸물거렸다

달이 둥근 포대를 뜯어
막걸리 흘리기 시작하면
모든 걸 다시 시작해야 하는 저주

빗방울 한두 개 짚어 물결 사이 심어 두었다

깊은 게 뭔지 몰랐다
밤이 길게 서기 전에 당신은 오지 않았다

다 자라면 심천이 될까
하나의 역사가 세워질까

동네는 조용했지만
마음이 시끄러웠다

텃밭

싹이 나올 생각을 안 해요, 옆에 서 있던 나도 시들었어요, 비는 겨울에 다 왔고 맑은 날만 계속됐어요, 지렁이는 하얀 배를 드러내 애교를 떨다 죽었어요, 조카가 텃밭에 오다 말고 꾸벅꾸벅 졸아요, 머리카락에 흙이 묻은 걸 보니 또 전생을 그리워한 모양이에요, 신석기시대 리비아인들은 쓴 수박을 심었다는데, 철모 대신 수박을 쓰고 군인이 되던 시절도 있었는데, 씨앗 봉투가 비어 있어요, 텃밭을 담아 보관하면 언젠가 신기루라도 올라올까요, 모종삽은 어떤 유적이 돼 있을까요, 나는 재배에 실패한 한국인으로 기록될까요, 목을 심으면 살려 줘, 소리라도 커질 것 같아요

끈적끈적

지난 금요일에는
시간 보내는 작업을 했어요

우체국은 주말에 쉬니까
나는 옆에 쌓아 놔야 했어요

흥얼거림이 중얼거림이
익숙한 목소리로 종일 붙어 있었어요

비와 고양이를 붙여 놓는 데
먹구름을 다 써 버렸어요

끈적끈적하게 어두워지고
샤워를 하고 싶어졌어요

마지막 한 장에 겨우
당신 이름을 적었어요

안개에 속아 여기 왔다

물방울로 만들어진 사람은
손이 닿으면 흥건해져요

젖은 새를 구해서
저 나뭇가지 위에 올려놔야 해요

호수는 내용을 숨겼어요
끝까지 봐도 끝을 모르겠어요

물결을 뽑아 안개 위에 널어요

흐르는 당신을 옆에 두면
무진기행을 할 필요가 없어요

새벽은 더 자야 하고
내려간 이불을 끌어올려요

표지판엔 안개역이 있어요

기차는 시간표를 바꾸며
먼 약속을 해요

트레킹

지팡이는 늙은 걸 가져가야지

끊어진 다리가 놓여 있고
무릎 출렁이며 저기까지 가야지

노인은 쉬었다 가라고 의자를 내주고
염소들은 뜯던 풀을 양보해 주고

삼겹살에 소주 한잔을 생각하며
터벅터벅 터벅터벅

죽은 마을을 지나 죽은 숲이 서 있지

좀머 씨*를 생각하면서
구보 씨**를 생각하면서

* 파트리크 쥐스킨트 소설 『좀머 씨 이야기』의 주인공.
** 박태원 소설 『소설가 구보씨의 일일』의 주인공.

어떤 데에선 메아리를 먼저 보내고
깨진 밤하늘 보며 잠들어야지

보라색

　물증이 없으니 어쩌겠어, 타고 남은 게 혀밖에 없었어, 깜빡 조는 동안에도 입을 닫았어, 그 밖의 것들은 모두 녹아 버렸으니, 어두운 바닥은 잘못이 없어, 흔들리는 어깨에 불꽃이 피었어, 누가 길게 실을 심어 놓았어, 철심은 참을 수 있는데 무응답은 힘들어, 후, 후, 불어 버리면 끝나는 밤, 심증만으로 범인을 가릴 수 없잖아, 여름은 땅에 불을 던지는 못된 버릇을 갖고 있어, 정전이 반가운 날 어둠에 가둬 양을 길렀어, 서랍 속에서 달그닥달그닥 소리가 들려, 이제 몇 개 안 남았어, 다음엔 분위기를 내야 하니까 늦은 보라색 제비꽃을 켜

심지어 천 년 후에도*

    수목장한 누나는 불광사 플라스틱 모란 아래 자고 나는 천일장 103호에 묵었습니다, 앙투안 볼로딘의 책을 읽었습니다, 백암**은 명암과 비슷해서 희기도 검기도 합니다, 달의 손톱이 길어지는 밤, 선풍기를 틀면 바람의 중얼거림을 참아야 하는 방, 차표를 예매해 놓고, 환불할 수 없는 과거를 떠올립니다, 간판 불을 켜도 어두운 건물에 손님이 더는 들지 않습니다, 이불을 걷었더니 약에 취한 새벽과 술이 덜 깬 아침이 다시 침대에 눕습니다, 책의 마지막 페이지는 멀기만 하고 하늘이 한 장 더 헐어 있습니다

* 앙투안 볼로딘, 『작가들』, 워크룸프레스, 2024, p.111
** 백암면, 경기도 용인시 처인구에 소재.

다 쓴 물감

　주황색*이 비었어요, 이제는 거꾸로 세워놔도 그 사람 뒤꽁무니에서 그림자 나오지 않아요, 빈 통으로 돌아갈 때가 됐어요, 꽃을 그릴 일이 많았나 봐요, 당신 팔자도 활짝 폈네요, 동자꽃을 보면 몰래 꺾어 주곤 하던 사람과 마주했어요, 힘이 나는 그림을 작은방 창에 붙였어요, 오십이 넘어 자꾸 근육이 빠진대요, 몸무게가 또 줄었어요, 고기를 많이 먹으래요, 주황색 피 나오는 고기가 일 등급이래요, 당신의 쭈그러든 용기를 보세요, 두츠라 했더니 부추로 알아들었나 봐요, 주황색 부추는 베어도 베어도 계속 나와요

* 따뜻한 느낌을 주는 난색으로 약동, 활력, 만족, 적극성을 상징한다. 산업 현장에서는 안전색채로 사용한다. <네이버 지식백과> 인용.

해설

우정의 한 기록 3 — K에게

이정현(문학기고가)

우정의 한 기록 3
―K에게

첫째 날 읽기: 엘렌 식수, '장미 한 송이', 미지의 당신

> 어디서 날아왔는지 모르겠어요
> 그냥 거기에
>
> ―「까마중」부분(길상호 외, 『다섯 더하기 시선은 하나』, 기린과숲, 2025, p.59, 이하 『다섯』)

식수가 말한다. "모든 삶은 한 송이의 장미를 살릴 수 있느냐 하는 가능성에 달려 있다. 우리에게 필요한 것은 한 송이 장미의 사랑이다."(엘렌 식수, 『리스펙토르의 시간』, 을유문화사, 2025, p.73) "장미 한 송이를 사랑하는 일에 이르는 것이 얼마나 필요한지"(식수, p.72) 당신은 아는가. "한 송이 장미의 삶이 무엇을 의미하는지 알기 위해"(식수, p.73) 식수는 오랫동안 애면글면했다. 다시 식수의 말: "우리는 매일 그 곁을 지나간다. 마치 우리 곁에서 아무런 일도 일어나지 않는 것처럼. 때로는 내 서재에서, 내 얼굴로부터 1미터 겨우 떨어진 곳, 지

척에서, 장미 한 송이가 지나간다."(식수, p.77) 그럼에도 "나는 장미를 느끼지 못한다. 장미는 장미의 발걸음으로 지나가고, 나는 장미의 시간을 알아채지 못하고 다다르지 못한다. 이따금 나는 조금 늦게 도착해 버려 눈물을 흘린다. 우리는 삶 앞을 지나갈 뿐 삶을 살지 않는다. 우리는 오랫동안 장미와 함께 살아왔지만 장미를 보지 못한다."(식수, p.77) 조금 이른 질문 하나. 하필 왜 장미 한 송이인가?

"돌연 (저편에서 이편으로 붙들려온 '장미 한 송이'는 2인칭이 되고) 우리는 (미지의 대상에게) 이렇게 말하고 싶어진다. <당신 거기 있나요?>"(식수, p.74, 괄호:인용자) '하나의 음성'이 들린다. 내 의도와 상관없이 어떤 "목소리는" "이전에는 우리 것이 아니었던 순간들이 오고 또 오게 하는 법을 가르쳐" 주고 "곁을 지나가거나 멀리 있는 사물들이 여기 있게 하는 법을 보여준다."(식수, p.74) '한 송이 장미'도 '미지의 당신'도 이 모든 게 생경하다. 연신 고개를 갸웃거리는 내게 K(길상호)가 말한다. "쉿!/목소리를 줄이세요/질문은 사절이에요"(「조심해야지」).

쉿! 목소리를 줄이세요.

들려오는 저 미지의 목소리('장미 한 송이')가 아니었더라면 우리는 이곳에 오지 않았을 것이다. 의심하지 말 것. 응답할 것. "<그래요, 나 여기 있어요, 그래요.>"(식수, p.74) 부름("당신 거기 있나요?")과 응답("그래요, 나 여기 있어요.") 그리고 '다가가기'.[1](식수, p.74-75) "하나하나의 '당신'이 지닌 만오천 가지 측면에 어떻게 다가갈 것인가? 사물들 하나하나를 '당신'이라고 부르기. 삶의 매 순간순간이 그것을 부르고 상기시키게 하기." 하여 "모든 노래 하나하나를 위해 존재하는 각기 다른 귀 하나하나는 모든 장미 한 송이 한 송이의 부름을 듣는다."(식수, p.75) 듣노니 다가간 끝에 내가 마주한 것은 '장미 한 송이'(엘렌 식수)였다. 이 글의 시초이기도 하다. *"이제 그만"(「슬리퍼는 축축하고」) "앉았다 일어나면 어지러워요(…)노란 얼굴 들어 나를 보세요(「노랑」) 오늘은 여기까지! 첫째 날 읽기 끝.*

둘째 날 읽기: 다시 '장미 한 송이', 시인 K, 대전천, 카페 까몽

---

[1] 한편 '다가가기'는 '분리'와 나눌 수 없다. 피에르루이 포르가 "글쓰기는 분리에 이르기 위해 애착을 증가시키는 방법"(피에르루이 포르, 『어머니와 딸, 애도의 글쓰기-유르스나르, 보부아르, 에르노』, 문학과지성사, 2024, p.29)이라고 쓸 때 "다가가는 일"이 대상과 "분리되는 일"이며 동시에 "벗어나는 일"(포르, 앞의 책, p.60)임을 알겠다. 우리는 대상과 "더 잘 분리되기 위해" "다가간다."(포르, 앞의 책, p.59)

어떻게 '장미 한 송이'에 다다를 것인가. 실로 그것은 "한 송이 장미의 끌어당기는 힘에 천천히 이끌려 장미들의 영역 깊은 곳까지 이르는 것"이자 "향기의 공간 속에 오랫동안 머무는 것"(식수, p.76)일진대 내게 남긴 식수의 마지막 전언(傳言)이 다음과 같다. "하나의 얼굴을 보"(식수, p.78)세요!

하나의 얼굴을 보세요

식수가 숱한 우회('오렌지', '사과', '장미') 끝에 다다른 '하나의 얼굴'이 '클라리시 리스펙토르'이듯 오늘 내가 마주한 '하나의 얼굴'은 '길상호'(이하 'K' 표기)이다. 식수가 리스펙토르에 다다르기 위해 '오렌지', '사과', '장미'를 꺼내 들었듯 그런 기호들이 내게도 있다. '조각구름', '꽁트', '카이츠', '펌킨', '산1번지', '미카엘', '두츠', '자양동', '혈당수첩', '우송대육교', '천일장', '길선숙'… 이 모든 기호가 향하는 곳이 K의 얼굴이다. K의 '얼굴 하나'를 보기 위해 지난 일 년 쉼 없이 그를 읽었다. K가 내게 묻는다. "우리의 만남은 기억해요?(길상호, 「pumpkin」, 『다섯』) 그럼요.

2024년 8월 18일 일요일 오후 7시 37분을 기억한다. 대전천이 떠오른다. 대동교 아래 천변에 쪼그리고 앉아 시를 읽는 K가 보인다. '민트색'(『작약은 물속에서 더 환한데』)과 '흰색'(『왔다갔다 두 개의』)으로 천변이 반짝인다. 그의 손에 들린 이승희가 여름 대전을 가리킨다.[2] 묻지도 않았는데 곁에 쭈그려 앉아 맥주를 마시는 내게 그가 말한다. "술은 아직 마시고 있지 않아요"(「모처럼의 통화는」, 『왔다갔다 두 개의』, 시인의일요일, 2024, 이하 『왔다갔다』). "병원에서 술은 금지했어요"(「노래는 흐르고」, 『왔다갔다』). 대동교 아래 대전천은 탁했고 이른 어둠이 탁함을 껴안던 모습이 기억에 생생하다. 그걸 다행스럽다고 해야 하나, 당시 "술을 끊었는데 사람도 끊을 수 있겠죠?"(「아침부터」, 『왔다갔다』) 라고 말했던 그가 이제 드문드문 사람도 만나고 더러 술도 마신다. 비록 "바이러스제, 당뇨약, 영양제, 수면제"(「지지대」)를 몸에 달고 살망정 가끔 "삼겹살에 소주 한잔을 생각하며" 대동교를 "터벅터벅 터벅터벅"(「트레킹」) 걷기도 한다. 오늘은 비가 내려서 "소주를 한 병 마셨어"(「소포」)요. 비가 내리면 물어 생각

---

2) 여름 대전천에 앉아 이승희(『작약은 물속에서 더 환한데』)를 읽는 K의 모습은 내게 각별하다. 이전 시집 『여름이 나에게 시킨일』(이승희)을 그는 좋아했다. 많은 시간이 흘렀다. 우연의 일치인지 여름 대전천에 마주 앉아 이승희를 읽는 그의 모습을 내가 좋아하지 않을 도리가 없다. 천변에 이내가 내려앉고 어둠 속 그를 응시하며 마음으로 「물가에서 우리는」(이승희)을 읽었다. "앞이 캄캄해서/어떻게 살아야 할지/두 발이 물속에서 한없이 겸손해진다/눈이 없는 물고기처럼 당신의 발등에서 조금 자려고 한다//이제 더는 애쓰면서 살지 말아요/어떻게든 사는 건/하지 말아요//읽지 않아도 되는 세상은 없었으므로/이제 나는 눈 없는 물고기로 살거나 죽거나/당신 옆에 눕고 싶은 것일 뿐/상처 가득한 지느러미가 환해질 때까지/달빛이나 축내면서" — 이승희 「물가에서 우리는」 부분(『여름이 나에게 시킨 일』, 문예중앙, 2017)

이 나지요. "물어는 빗방울 같은 눈동자를 가졌어요"(「물어는 비」). 환청이 분명해. 취한 걸까. K의 독백이 끝도 없이..

그날 오후, K의 자양동 집을 나와 인근 카페 까몽에서 시원고를 건네받았다. 미래의 시집이었다. "6번째 시집(『왔다갔다』)의 쌍둥이 시집이에요. 제목(『오고가고 수목금』, 이하 『오고가고』)도 이미 정했어요. 시집을 묶고 입에 맴돌던 제목이 『오고가고 수목장』이었는데 어감이 어두워 글자 한 개만 바꿨어요."(길상호) 일곱 번째 시집 키워드 가운데 하나가 죽은 셋째 누나 '길선숙'이다. '누나시편'은 모두 합해 14편인데, 결코 적지 않은 게, 시집 전체 1/4 분량이다. 직전 시집 『왔다갔다』(2024)에서 셋째 누나는 '병'(「요양원」)과 '죽음'(「꽃을 흘리는 나무」, 「심지어 천 년 후에도」) 사이를 오간다. 물론 "봄이 와도 골목은 환해질 줄 모"(「골목의 주인」, 『왔다갔다』)른다거나 "당신은 바빠 봄에 참석할 수 없다고 꿈을 꾸었다"[3](「꽃샘이 심하다」, 『왔다갔다』) 며 누나의 부재를 넌지시 알리지만 아직은 미래의 일이다. 일반병실에서 요양병원으로 옮기기 전 마지막 가족여행을 다녀와 쓴 시가 「2024년 1

---

3) 슬프게도 일곱 번째 시집(『오고가고』)에 수록된 시 「요양원」은 「꽃샘이 심하다」(『왔다갔다』)가 K의 말마따나 '꿈'이었음을 알린다. "그 병실로 끝내 봄은 면회 오지 않았습니다"(「요양원」) 동생 K가 겨우 할 수 있는 건 '부재 중 전화'였다. "거긴 지낼 만한가요?/왜, 한 번도 찾아오지 않으세요?//없는 사람에게/전화를 한다"(「어디서 봤더라」, 『왔다갔다』)

월 1일」(『왔다갔다』)이다. "새해에는 가발을 쓰지 말아요, 가려운 강은 머리를 긁고 그때마다 안개가 자라요, 길게 자라요, 능선이 사라진 만큼, 나무가 지워진 만큼, 당신 얼굴도 투명해졌네요, 새해에는 부디 행복하세요"(「2024년 1월 1일」). 항암치료 탓에 K의 셋째 누나는 가발을 썼던 것 같다. 이파리를 다 떨어뜨린 참나무가 머리 없는 누나를 닮았다거나(「누나는 나무」, 『왔다갔다』) 가발 벗은 봄이 히죽히죽 웃을 때(「꽃을 흘리는 나무」) 시인 K의 마음은 더없이 곡진하다.

　대전천이 흐르는 철갑교 인근 카페 까몽에서 저물녘까지 한 편 한 편 손을 짚어가며 그가 쓴 시를 청해 들었다. "우리가 할 수 있는 일은 그저 그 문을 두드리는 것뿐이다. 열어주는 이는 따로 있다."(시몬 베유, 『중력과 은총』, 문학과지성사, 2021, p.131) 내가 문을 두드리면 K가 열어주고 다시, 문을 두드리면 그가 또 문을 열어주고. 쉰아홉 편을 네 시간에 걸쳐 그렇게 독해했다. *"이제 그만"*(「*슬리퍼는 축축하고*」) *"앉았다 일어나면 어지러워요(…)노란 얼굴 들어 나를 보세요*(「*노랑*」) 오늘은 여기까지! 둘째 날 읽기 끝.

　셋째 날 읽기: 다시 식수, 노랑, 질문들

아직은 식수의 시간, 그가 리스펙토르에 다다르기 위해 경유해야 했던 '장미 한 송이'(엘렌 식수)를 내 식으로 당신에게 소개하겠다.

민들레는 들과 산의 갈라진 틈을 칠했어요
그런다고 들과 산이 다시 만날 일은 없어요

나비를 본 게 꿈인지 현실인지
하여튼 올해 처음이라 절을 했어요

유화물감은 왜 이리 마르지 않는 거예요
노란색, 노란색,
영양결핍이면 손가락부터 노래져

아크릴을 주문했어요
노란 앵무는 말이 없어요

두츠의 노란색은 희망이라 하던데
전화는 오다가 끊어지고 아침이 끊어지고

일어나면 온통 자투리뿐이에요

민들레는 거기서 흥얼거려요

쓰는 건 의무
칠하는 건 사명

빈 곳이 없도록 꼼꼼하게 메워야 해
모내기를 하면서 아버지는 차례차례 비석을 심었죠

앉았다 일어나면 어지러워요
손끝이 저려요

노란 얼굴 들어 나를 보세요

― 「노랑」 전문

하필 왜 「노랑」인가. 질문을 정정하겠다. 쉬한 편 가운데 「노랑」이 '장미 한 송이'인 이유를 내게 알려다오. 아무리 궁리해 본들 저토록 많은 장미 가운데 우리가 마주칠 장미는 결국 '한 송이 장미' 아니겠나.[4] 내 답변이 이토록 궁색하다. 어

---

4) 방향도, 순번도 없는 장미 덩굴이야 그저 눈길 가는 '장미 한 송이'를 쭉 뽑아 올리면 그만이지만 시가 어디 그와 같겠나. 무심코 뽑은 시는 통상적으로 시집 1부 첫 시일 확률이 매우 높다. 다행인 건 시집의 구성이라든가 배치 따위가 순전히 시인 마음대로여서 사실상 읽는 순서는 중요치 않다. 이 모든 걸 고려하더라도 시집 첫 시 「물그릇」이 아닌, 2부 마지막 시 「노랑」을 첫

쩌면 "한 송이 장미가 우리에게 다다르기 위해서는 그것이 우리의 눈앞에 뛰어들어야 하는" 건 아닐까. 식수의 권면: "하나의 얼굴을 보"(식수, p.78)세요! 얼굴을 드니 시 「노랑」이 보인다. 보일뿐더러 「노랑」이 내 눈앞으로 뛰어든다.

그럼에도 사실 저 시 「노랑」이 "어디서 날아왔는지 모르겠"다. "그냥 거기에" 있었던 건 아닐까. 그래? 그렇다면 원래 있던 곳에 "두는 게 좋겠"다. 온 곳을 K에게 물어야 할까. "질문이 많아 미안해요."(「다음에는」). 쓴 지 1년이 흘렀다. 아마 그도 모를 것이다. 입버릇처럼 "제가 그 시를 썼나요? 저도 잘 모르겠어요. 저도 처음 봐요" 라고 답할 때, 물론 그럴 리 없겠지만, 나는 K의 말에 수긍하고 만다. "어두워지기 시작"했다. 곧 "괘종시계는 여섯 번/종을" 칠 것이다. 일몰 후 "글자는 까만색만 남고 후드득" 사라질 테고 "온통 입술이 검은/사내가"(「까마중」, 『다섯』) 속히 올 것이다. 읽자. *"이제 그만"(「슬리퍼는 축축하고」) "앉았다 일어나면 어지러워요(…) 노란 얼굴 들어 나를 보세요(「노랑」) 오늘은 여기까지! 셋째 날 읽기 끝.*

시('장미 한 송이')로 선택했는데 「노랑」에서 시집으로 향하는 또는 그 역순으로 되돌아오는 '얼굴 하나'를 나는 어떻게 만나게 된 걸까.

넷째 날 읽기: 시 「노랑」 독해

「노랑」은 총 10연 20행으로 이루어져 있다. 거의 모든 행은 연관 시를 거느리고 시집을 견인하는 핵심 키워드가 각각의 행에 둘 이상 내장돼 있다. 어쩔 수 없이 동원된 은유는 이전 시집들과 결을 달리해 차라리 심화에 가깝다. 원관념과 보조관념을 견주는 유비 대신 심화 또는 심층으로 자주 기운다. 뿐만 아니라 은유에 동원된 원관념은 복화술사와도 같아 단어 하나가 보조관념 여럿을 거느린다. 「노랑」 첫 연이다.

「노랑」 읽기 1 - 봄, 재개발, 아이

민들레는 들과 산의 갈라진 틈을 칠했어요
그런다고 들과 산이 다시 만날 일은 없어요

— 「노랑」 부분

예컨대 '민들레'는 언뜻 보기에 시 제목('노랑')을 받아 '봄'을 연상시키지만 「이사한 놀이」에서 '민들레'는 "이사를 가고" 그로 인해 "노랑이 하나" 줄어든다. '봄'과 '재개발'이 섞인 이상한 시적 놀이랄까.

한 번 갇히면 영원히 달로 놀아야 합니다, 골목은 얇고 긴데 출구가 없습니다, 들어가면 닫혀버리는 문, 흑백의 새들은 머리에 앉아 그녀의 기분을 살피고, 갈라진 벽을 덧칠하며 가끔은 물감을 얼굴에도 바릅니다, 민들레도 이사를 가고, 노랑이 하나 줄었습니다, 여기는 조금 있다 재개발, 떠나면 새로운 삶을 살아야 하는데 그게 잘 안 됩니다, 집의 주인은 나무인 경우가 많고, 가지 밑에서 그녀 공기놀이를 합니다, 혼자 하는 놀이는 오래 즐길 수 있지요, 부스럭부스럭 가끔은 잠이 잠꼬대를 합니다

―「이사한 놀이」전문

물론 「이사한 놀이」는 '재개발시편'으로 분류돼 「다음에는」, 「낡은 개」와 한 묶음이다. 이전 시집 『왔다갔다』에 실린 「재개발」은 차라리 노골적이다. 세 번째 시집 『눈의 심장을 받았네』(2010)에 수록된 '재개발시편' 「눈깔사탕」은 「이사한 놀이」처럼 '재개발시편'이자 동시에 '아이시편'이기도 한데 두 시는 전반에 걸쳐 일대일 대응 구조를 띤다. 시편들은 이곳이 "재개발지역"(「눈깔사탕」)임을 알리면서("여기는 조금 있다 재개발", 「이사한 놀이」) 천진무구하게도 아이들은 허물어진 집과 남루한 골목에서 각자의 놀이에 열중한다. 한 아이가 "숨기장난"(「눈깔사탕」)에 열을 올릴 때 다른 한 아이는

"혼자" "공기놀이"(「이사한 놀이」)를 한다.

시 「노랑」만 읽으면 그것은 완연한 '봄시편'이다. 「꽃을 흘리는 나무」, 「요양원」, 「4월 14일」, 「꽃을 줍다 봄이 다 갔네」, 「산문이는 벚꽃」, 「보라색」 따위가 같은 계열인데 직전 시집과 달리 그것들은 '봄시편'이면서 어둡다. 어두워 차라리 '어두운 봄시편'이라고 불러야 할 것만 같다. 「노랑」의 '민들레'는 「골목의 주인」(『왔다갔다』)의 '민들레'와도 다르고 「민들레」(『오늘의 이야기는 끝이 났어요 내일 이야기는 내일 하기로 해요』, 걷는사람, 2019, 이하 『오늘의 이야기』)의 '민들레'와도 다르다. 앞서 말했듯 두 시(「골목의 주인」, 「민들레」)와 다르게 「노랑」의 '민들레'는 중층적이다. 같은 은유('봄')이되 그것은 '봄'의 표식이자 '재개발'을 가리키고 그곳에 아직 살고 있는 아이들의 하루를 스케치하듯 담아낸다. 빠트린 게 하나 더 있다. '두츠'. 후술하겠지만 최종적으로 「노랑」은 '봄시편'이면서 '재개발시편'이고 '두츠시편'이다. 어디 그뿐일까. 「노랑」은 '누나시편'이면서 '질병시편'이자 '우정시편'이기도 한데… 일단 숨을 좀 고르자. 시 첫 행에 시집 문을 여는 핵심 키워드 셋이 벌써 공개된 셈. 「노랑」 5연이다.

「노랑」 읽기 2 – 두츠, 골판지, 고양이 꽁트

두츠의 노란색은 희망이라 하던데

전화는 오다가 끊어지고 아침이 끊어지고

― 「노랑」 부분

'두츠'는 "세네갈 출신의 화가"(「다음에는」)이다. K가 두츠 풍 그림을 그린 것은 작년 봄부터인데("두츠의 작업을 따라 골판지를 사용하기 시작했는데", 「다음에는」) 두츠가 골판지나 신문에 낙서하듯 그린 크레용 그림에 K가 관심을 보인 건 유별난 일이 아니다. '골판지 그림'이 '자양동 시절'(2023-현재)의 K를 대변한다면 직전 '흑석동 시절'(2020-2023)의 K는 '솟대 작업'으로 '독산동 시절'(2016-2020)의 K는 '고양이 세밀화'로 기억될 것이다. 올해 새롭게 판화에 눈을 뜬 그가 낯설지 않다. 지난 봄, '시'가 아닌 '판화'(<고양이와 함께하면 봄이 야옹>)를 보기 위해 K의 친구들이 카페 펌킨에 모였을 때 쓰거나 그리는 일이 다르지 않음을 알 수 있었다.("쓰거나 그리거나/ 똑같은 일이었다", 「잉크」) 다시 읽어보니 「노랑」의 메인 테마가 '두츠'임을 알겠다. 첫 행부터 마지막 행까지 도처에 '두츠'가 넘실거린다. 그에게 시를 쓰는 일이 의무이듯 칠하는 것 역시 사명이 된 듯하다.("쓰는 건 의무/칠하는 건 사명", 「노랑」) 하지만 왼쪽 어깨 통증 탓에 장시간 그림을 그릴 수 없다.

새벽이 몸으로 와요
침대 스프링을 왼쪽 어깨에 심을 거예요

관절약은 이제 안 먹고요
대신 비를 받아 먹어요
(……)
물티슈를 한 장 뽑을 때마다
왼쪽 어깨에 먼지가 쌓여 저려요

오늘 일정은
그림을 몇 장 그리고
우두둑, 하루를 돌릴 거예요

― 「왼쪽 어깨」 부분

"봄이라서 물감을 환한 색만 썼는데/노랑, 주황, 흰색, 연분홍//다 마르자 재만 남았다"며 그가 투정 부린다. "화구를 다 정리해 놓고/그림은 이제 그리지 말아야지"(「밤과 피아노」). 어떤 날은 "그림을 몇 장 그리고/우두둑, 하루를 돌릴 거"(「왼쪽 어깨」)라더니 별안간 그림을 그리지 않겠단다. "골판지를 오릴 때마다/여기저기 피가 맺혔다"(「골판지」)거나 "주황색이 비었어요, 이제는 거꾸로 세워 놔도 그 사람 꽁무니에서 그림자 나오지 않아요, 빈 통으로 돌아갈 때가 됐어요"(「다 쓴 물감」) 따위 시구는 리트머스 용지 없이 K의 일상이 고스란하게 원고지로 옮겨간 것처럼 보인다.

K가 그린 첫 골판지 그림이 살아남은 생존 고양이 꽁트인 건 우연일까. "물어, 산문이, 운문이/이제 꽁트 하나 남았습니다"(「지지대」) 오래 같이했던 고양이들이 사라졌는데 생활은 그대로인 게 그는 두렵다.('시인의 말', 『왔다갔다』, p.5) 그리고 그는 남겨진 자신이 가엽다고 느낀다. "영혼이 빠져나간/물어, 운문이, 산문이/남은 몸은 가벼웠다/숨도 없는 곳 옆에서/나는/가여웠다"(「쓸모가 끝나면」, 『거울 속에 사는 사람』, 기린과숲, 2025, 이하 『거울』) 가벼운 것은 가여운 것인가. 너무 가벼워 "이름 없이 돌아다니는" 그들, "이제는 불러도 오지 않는다."('시인의 말', 「오고가고」) 「밤의 소리」는 슬픈데 아름답고 아름다운데 읽을 때마다 슬픔이 차오른다.

더는 볼 수 없는 고양이들을 앞히고 시낭송회를 합니다 물어 운문이 산문이, 아직 살아 있는 꽁트가 착석합니다 이제 다 모였으니 시작하겠습니다 야옹 야옹 야옹 한여름 밤이 무거운 음악을 깔

아주고 있습니다 귀를 달아걸었던 상추가 깨어나 잠깐 바라보다 다시 잡니다 흩어졌던 영혼들 모여 하품을 합니다 살아 있을 땐 입을 연 적 없는 듯 하품도 모두 즐겁습니다 낭송을 같이하고 싶지만 그들의 목엔 소리가 없습니다 물어 운문이 산문이는 제가 등장하는 장면에서 고개를 돌립니다 들키지 말아야 할 야옹은 그렇게 만들어집니다

— 「밤의 소리」 전문

"남은 고양이 꽁트가" 자신을 "지켜보고 있"('시인의 말', 『왔다갔다』, p.5)음이 그는 기쁘고 감사하다. K의 말이다. "꽁트를 그릴 동안 밝고 따뜻한 마음이 일었어요. 봄 이미지 때문에 쓴 노란색 유화물감이 일주일이 넘도록 마르지 않아 속이 상해 쓴 시예요." 시(「노랑」) 3연이 비로소 이해됐다. "유화물감은 왜 이리 마르지 않는 거예요/노란색, 노란색/영양 결핍이면 손가락부터 노래져". '두츠 시편'「노랑」 3연은 5연이 보여준 '희망'("두츠의 노란색은 희망이라 하던데")과 달리 '결핍'으로 가득하다. 5행에서 '희망회로'를 가동했음에도 "전화는 오다가 끊어지고 아침이 끊어지고" 라고 쓴 이유를 알겠다.("뭐라고요, 바람이 전화선을 끊어놓고 갔어요", 「바람이 많이 불어요」, 『왔다갔다』) 바람이 전화선을 끊어놓은 바람에(이중의 바람) "일어나면 온통 자투리뿐이"다. K는 이어

쓴다. "민들레는 거기서 흥얼거려요"(「노랑」). 돌고 돌아 다시 '민들레'란 말인가. 5연은 「노랑」이 '두츠 시편'임을 집약적으로 보여주는데 동시에 환유를 구사해 스스로 '질병시편'을 떠맡는다. '노랑'(「노랑」)이 자연('민들레')에서 예술('골판지 그림')로 예술에서 신체('영양결핍')로 이동 중이다. 셋의 바탕에 색 '노랑'이 있다. 시집에 수록된 '두츠 시편'은 다음과 같다: 「왼쪽 어깨」, 「밤과 피아노」, 「골판지」, 「노랑」, 「다음에는」, 「다 쓴 물감」.

「노랑」 읽기 3 – 바이러스제, 당뇨약, 영양제, 수면약

> 유화물감은 왜 이리 마르지 않는 거예요
> 노란색, 노란색,
> 영양결핍이면 손가락부터 노래져
>
> — 「노랑」 부분

자연('민들레')과 예술('골판지 그림')을 두루 주유한 끝에 다다른 곳이 신체('영양결핍')라면 3연은 대기소에 가깝다. 당뇨를 진정시킬 요량으로 매 끼니 식후 재개발지역 대동을 비롯해 자양동, 가양1동 골목을 걸을 때 K는 자신의 몸이 온갖 질환과 고통이 머물다 가는 대기소 같다고 느낀다. 느낌은 구체적이어서 (내가 '질병시편'으로 명명한) 스무 편 가량의 시가 (시의) 몸을 빌어 자신을 증언한다. 그 대략이다.

(병증을 증언하는 시구이기에 이하 기울임 표기) "어지럼증이 잠깐"(「물그릇」). "어지럼증을 앓고 있는 기압선은 지날 거라 했어요"(「건강한 하루」) "앉았다 일어나면 어지러워요/손끝이 저려요"(「노랑」). "왼쪽 어깨에 먼지가 쌓여 저려요"(「왼쪽 어깨」). "다리가 아파, 다리가 아파//오르막만 있는 동네는 가기가 싫어"(「낡은 개」). "눈이 침침해서"(「흰 빨래」) "손톱마다 곰팡이 가득해요"(「비스킷」). "우울한 사람들이 자두나무 아래 모여/식후의 커피 한 잔"(「마지막 주머니」). "골밀도 검사를 해야 약을 탈 수 있다네요"(「다음에는」). "혈당침을 누를 때마다/손가락 끝에 빨간 열매가 달려요"(「방울토마토」). "이불을 걷었더니 약에 취한 새벽과 술이 덜 깬 아침이 다시 침대에 눕습니다"(「심지어 천 년 후에도」) "약을 먹어도 개지 않았다".(「운문이는 구름」). "살이 찌기도 빠지기도 하면서 영원히 떠도는 사람을 아나요"(「조각구름」). "오십이 넘어 자꾸 근육이 빠진대요, 몸무게가 또 줄었어요"(「다 쓴 물감」). "홀쭉해진 당신은 몇 년 째 방치되어 있습니다"(「부품이 더는 나오지 않습니다」). "살을 많이 찌워야겠구나 너무 말랐어"(「건강한 하루」). "약을 묶고 간신히 버팁니다"(「지지

대」). "어두운 얼굴로 당신은 모란 이불을 걷는다"(「뒤꿈치」).

자신의 병증을 시로 기록한다는 건 어떤 심정일까. 가늠조차 안 된다. "우린 이미 부서졌어요"(「비스킷」). K가 자신을 인정하고 받아들이는 방식이 눈물겹다. "인생을 싹 바꾸기에는 너무 자랐습니다"(「부품이 더는 나오지 않습니다」). 「지지대」는 「노랑」 3연에서 시작된 저 숱한 '병시편'들을 기꺼이 끌어안고 이편에서 저편으로 나아간다.

약을 묶고 간신히 버팁니다

바이러스제, 당뇨약, 영양제, 수면제
즐거운 한약, 양약

간밤에 고추가 넘어졌습니다
줄기 갖고 있는 것의 운명입니다

집 앞 전봇대가 쓰러졌습니다
까마귀도 기회다 싶어 기울어졌습니다

그만 바닥에 눕고 싶은데

자리마다 물이 흥건합니다

　　물어, 산문이 운문이
　　이제 꽁트 하나 남았습니다

　　물론 앞집 옥상을 오가는
　　얼룩이가 하나 더 있긴 하지만

　　지지대로 쓰기엔 아직 너무 어립니다

　　아침 일찍 일어나
　　아침을 일으켜

　　지지대를 꽂는 중입니다

―「지지대」전문

　우울과 강박을 앓고, 어지럼증과 영양결핍에 시달리는 K의 몸. 그러면 관절염과 골다공증 정도야 '덤'이라고 조크에 실어 전할 지도 모를 일이다. 그가 덧붙인다. 당뇨는 제 몸 디폴트값이에요. 그가 받은 '덤'이란 게 "모두 멍들고 긁힌 것들"(「덤」,『오늘의 이야기』) 투성이라 무겁고 막막하기만 하다. 내 시선은 다시 「지지대」로 향한다. "바이러스제, 당뇨약, 영양제, 수면제". 이 약들 말고도 그가 복용하는 몇몇 약을 나는 알고 있다. 오죽 먹는 약이 많으면 "길에 약을 한 알씩 떨어뜨리며 걸었습니다"(「부품이 더는 나오지 않습니다」) 라고 썼을까. 그가 즐겁게 즐겁게 약을 먹는다. 양약, 한약을 즐겁게 즐겁게 복용한다. 내가 분류한 바에 따르면 『오고가고』에 수록된 시 쉰아홉 편 가운데 서른 편이 '병시(病詩)'다. 1부 첫 시 「물그릇」("출렁이는 얼굴을 오래 본다/어지럼증이 잠깐")으로 시작한 '병시'가 4부 마지막 시 「다 쓴 물감」("오십이 넘어 자꾸 근육이 빠진대요, 몸무게가 또 줄었어요, 고기를 많이 먹으래요")에 다다를 즈음 독자들은 '병상일지'를 방불케 하는 K의 시집에 압도될 것이다. '어지럼증'(「물그릇」)으로 문을 연 시집이 '당뇨'(「다 쓴 물감」)에게 자신의 열쇠를 건넬 때 초번 보초와 말번 보초의 맞교대처럼 보일 정도니.

 '병시'에 압도되 「노랑」 3연이 보여 준 퍼포먼스를 다 말하지 못했다. 역시 시집 여타 복수의 '봄시편', '두츠시편'과 '질병시편'이 오롯이 「노랑」으로 향할 때 "저 세상에서 날아"(「멀리서 나비」)와 예열을 마친 2연의 '나비'가 날갯짓을 크게 한 번 하더니 날기 시작한다.

「노랑」 읽기 4 - 셋째 누나 길선숙

나비를 본 게 꿈인지 현실인지
하여튼 올해 처음이라 절을 했어요

─ 「노랑」 부분

작년 여름, K에게 원고를 건네받고 가장 먼저 한 작업은 시집 속 핵심 키워드를 뽑는 일이었다. 길선숙. 작년 4월 고인이 된 K의 셋째 누나. 『오고가고』에서 두 번째로 찾아낸 키워드. '「노랑」 읽기4'가 그녀를 호출한 건 자연스럽다. 사진 찍기를 좋아하고 K의 시를 이해했던 그의 혈육. "누나의 이름은 비석에 새겨졌고 그녀의 지문 묻은 카메라가 보인다. 오늘도 찰칵찰칵, 나는 이승을 걷는다."(『거울』, p.170) 저녁을 먹고 당뇨약까지 챙겨 먹은 K가 루틴처럼 자양동 골목 산책을 나선다. K의 어깨에 매달린 캐논카메라는 저 혼자 골똘하다. "동네 허술한 지붕에 고양이가 누웠다가, 바람이 스쳐 가다, 노을이 걸터앉아 이름에 빨간 약을 바르는 저녁이다. 이렇게 또 하루가 가고, 그녀는 한 발 더 멀어진다. 떠난 이름만 슬픈 게 아니다. 지금 여기를 사는 사람들의 뒷모습도 어딘지 쓸쓸하다. 풍경 속에 던져진 사물도 조금씩 낡아간다. 세상의 아름다웠던 것들이 바닥에 떨어지는 순간을 기록하고 싶었다."(『거울』, p.170-171) "아픈 누나가 준 카메라를 들고" K는 항상 어딘가로 "떠나고 싶"어 했다. 길에서 마주친 "아쉬운 것들과 함께 돌아다니고 싶"어 했고 "커피숍에 들러/야외의 소리들과 맞담배를 피우며/어두워지고 싶"(「저녁 무렵 커피는」)어 했다. 이번엔 대동 골목이다. "찰칵 찰칵, 반쯤 사라진 사람을 찍으며 걷"(「건강한 하루」)는 그가 보인다.

  떠나고 싶다 생각을 했다

  아픈 누나가 준 카메라를 들고 가
  마지막 사진은 행복하게 즐겁게

  라떼를 마시면서 저녁을 맞았다
  갈아 온 원두에 물을 부었다

  불을 올리고서
  저녁의 고양이들은 부드러워졌을까

  한 번 저으면 이런 무늬가 나오고
  두 번 저으면 도망을 가고

아쉬운 것들과 함께 돌아다니고 싶었다

커피숍에 들러
야외의 소리들과 맞담배를 피우며
어두워지고 싶었다

수고했다고 쳐진 등을 다독이면서
들숨 한 번 크게 쉬고

오래된 여관에 들고 싶었다

─「저녁 무렵 커피는」 전문

「노랑」 2연이 불러낸 '나비'는 시 제목('노랑') 탓에 전혀 어색하지 않다. 유사성(색채) 측면에서 1연의 '민들레'와도, 3연의 '유화물감'과도 심지어 4연의 '앵무'와도 친근하다. '민들레'도 노랗고 '나비'도 노랗고 '유화물감'도 노랗고 '앵무'도 노랗다. 시 「노랑」은 "온통"(「노랑」) '노랑'으로 충만하다.

민들레는 들과 산의 갈라진 틈을 칠했어요
그런다고 들과 산이 다시 만날 일은 없어요

나비를 본 게 꿈인지 현실인지
하여튼 올해 처음이라 절을 했어요

유화물감은 왜 이리 마르지 않는 거예요
노란색, 노란색,
영양결핍이면 손가락부터 노래져

아크릴을 주문했어요
노란 앵무는 말이 없어요

—「노랑」부분(강조:인용자)

K의 고백. "누나가 떠나간 후 나비가 달리 보여요." 두 번째 시집 『모르는 척』(2007)에 수록된 「눈꽃에 앉은 나비를 보라」에서 '내리는 눈'은 "체온 잃은 나비의 영혼"으로 격상된다. 매끄럽게 진행되는 은유에 탄복하는 독자를 탓하고 싶진 않다. 하지만 왠지 과한 은유는 식상하다. 평자의 취향도 한몫하겠지만 '생활이 없는 은유'에 내 동의는 매번 미끄러진다. K의 '은유'가 고급스럽고 군더더기 없음은 물론이다. 추측건대 오래전 K는 수사 활용에 있어 고급스러움과 군더더기 없음을 폐기한 듯하다. 2019년 출간된 『오늘의 이야기』가 교량 역할을 한 듯한데 2022년 겨울 그리고 2023년 봄 사이

몸의 극점을 찍고 품고 있던 모든 시를 버린 그가 '어눌해진 삶'("말이 어눌해 한참을 더듬었던 곳", 「양이 있는 곳」, 『왔다 갔다』: "추우면 더 어눌해지는 목소리/너는 어느 나라에서 왔을까", 「너의 어눌」, 『왔다갔다』) 앞에서 할 수 있는 건 많지 않았다. K는 자신이 알고 있던 '은유'를 대전천에 버리기로 작정한다.[5]

「노랑」을 비롯해 시집에 수록된 17편의 '누나시편'은 '다른 은유'('중층 은유')를 선보인다. '일상'으로 틈입해 간결해진 것처럼 보이는 '다른 은유'가 평자의 눈에 '중층 은유'인 건 시 한 편에 K가 마주한 일상의 레이어가 두터워진 탓이다. 시집에 수록된 '누나 시편' 가운데 하나인 「멀리서 나비」는 메타포 '나비'를 시에 진입시켜 두 겹의 파동을 만들어낸다. 두 개의 날갯짓이랄까.

나비는
저 세상에서 날아왔어요

더듬더듬 한국어를 하며

---

[5] 이전 K의 시에 익숙한 독자들이라면 두 시집(『왔다갔다』, 『오고가고』)이 "문체 때문에 당신의 소식인 줄 알았다"(「문체」, 『왔다갔다』)의 뒤집힌 버전처럼 읽힐 수도 있겠다.

두 팔을 휠휠거렸다

옆방
전화 목소리가 흔들렸다

비행기는 뜨지 않고
지각판이 이동하면 집에 닿을까

먼저 간 사람들과
만나면 무슨 말을 해야 하나

나비는
그의 등에 오래 머물렀다

그가 꽃이 된
시간은 아주 짧았다

애인 사진이 날아갔다

손끝에는
비늘만 가득 묻었다

— 「멀리서 나비」 전문

    은유('나비')에 기대 「멀리서 나비」에 깔린 복선은 둘이다. '죽은 셋째 누나'와 '천일장 여관'. 언급된 "옆방"은 (시에 숨어 있지만) '천일장 여관'이 맞다.(「천일장에 묵다」) K와 내가 두 차례 찾은 '천일장 여관'이 이후 두 편의 시(「천일의 잠」, 「천일 뒤에 다시 올게요」)가 되고 그의 시를 받아 <'천일장' 삼부작에 대한 소고>(2019.10.12.)를 쓰는 동안 '천일장 여관' 연작이 끝난 줄 알았다. 작년 여름, 시집 원고를 건네받고 「멀리서 나비」 1연("나비는/저 세상에서 날아왔다")을 읽자마자 '천일장 여관' 연작이 계속되고 있음을 알게 됐다. '나비'는 이전 '천일장 여관' 연작에서도 반복된다. 특이점이라면 이전 연작들에서 모호했고 상상 속 동물이었던 '나비'가 「멀리서 나비」에서 비로소 구체적 이름을 얻는다.

    '길선숙'이란 이름. 이름이되 '부서지고'("우린 이미 부서졌어요", 「비스킷」) '흙에 덮인'("그녀는 흙에 덮였습니다", 「불 꺼진 이름」, 『거울』) 이름. 앞서 말했듯 은유가 일상 속으로 내려앉은 순간이다. 시 「멀리서 나비」가 거느린 또 하나의 메타포는 K의 '셋째 누나'이다. 자신의 여섯 번째 시집(『왔다갔다』)을 들고 '수목장'에 잠든 누나를 찾는 대목은 감동적이다.

"수목장한 누나는 불광사 플라스틱 모란 아래 자고 나는 천일장 103호에 묵었습니다"(「심지어 천 년 후에도」). 「심지어 천 년 후에도」 또한 '천일장 여관' 연작이다. 「멀리서 나비」가 시를 쓴 이곳이 '천일장 여관'임을 알리기 위해 '나비'에 기댈 때 「심지어 천 년 후에도」는 그곳이 '천일장 여관'임을 직접 알린다. "나는 천일장 103호에 묵었습니다".

「노랑」 2연의 '나비'가 K의 셋째 누나임을 알리는 뚜렷한 징표가 「멀리서 나비」 1연이다. "나비는/저 세상에서 날아왔어요". "저 세상에서 날아"온 '나비'가 누구겠나. 약을 먹어도 잠에서 깰 때가 있는데 하루는 K가 새벽녘 잠에서 깨 담배를 태우려고 부엌문을 여니 젖어 있는 슬리퍼가 보이더라.

담배를 피우다
누군가 보니
누나였다

연기는 멍하게 서 있다가
하늘로 올라갔다

이제 그만이라고

젖은 슬리퍼만 밖에 두고

나비가

날개 문을 닫았다

— 「슬리퍼는 축축하고」 전문

「노랑」 읽기 5 – K의 친구들

 일곱 번째 시집 『오고가고』를 쓰고 묶은 시기는 직전 시집 『왔다갔다 두 개의』(2024)와 일치한다. 제목만 다를 뿐 사실상 같은 시집이다. 두 시집에서 뽑아낸 핵심 키워드 역시 '두 츠시편'만 추가됐을 뿐 두 시집 모두 여일하다. 해설을 끝내야 하는데, 이제 정말 끝을 내야 한다, 끝내지 못하는 이유라도 있다는 듯 나는 주섬거리고 망설인다. '앵무', 좀 더 정확하게는 '노란 앵무' 때문이다.

아크릴을 주문했어요

노란 앵무는 말이 없어요

— 「노랑」 부분

 시 「노랑」 4연에 '앵무'가 등장한 건 멋부림도 아니고 수사도 아니다. 오로지 '우정' 탓이다. 「노랑」 4연의 기원에 '양순카페'(「양이 있는 곳」, 『왔다갔다』)가 있다. 김명신 시인이 세 번째 시집을 펴내고 창원이 아닌 대전을 찾은 건 K 때문이었다. 당시 많이 아팠던 그를 우리(김명신/송진권/이근일/이정현)는 열렬히 응원하고 있었다. 「양이 있는 곳」은 친구들을 향한 고마움 때문에 쓴 시다. 가령 "풀이 많은 곳, 창원에 사는 시인이 출판기념회를 했던 곳"(「양이 있는 곳」, 『왔다갔다』) 이라고 그가 쓸 때 그곳은 상상 속 장소가 아니다. 장소('양순카페')는 실재한다. 그에게 묻진 않았지만 「노랑」 4연에 굳이 '앵무'를 집어넣은 건, 왜 아니겠나, 김명신 시인의 앵무들 때문이다.

언제부터인지 K의 시는 사사로워지기 시작했다.(사사롭다는 말은 얼마나 좋은 말인가.) 예컨대 『오고가고』에 수록된 시 「외우는 사람」과 매한가지로 2019년 출간된 『오늘의 이야기』 수록 시 「L」 또한 '이정현 씨'가 시의 주인공인 건 지인들이라면 알 만한 사실이다. 마찬가지로 「종이접기 수업 중입니다」는 이근일 시인이 보내 준 종이접기에서 비롯됐고 「마지막 주머니」는 이은상 시인 덕분에 쓸 수 있었다. 「조각구름」은 어떤가. "카페 야외에서 모과나무와 감나무와 가죽나무와 목련과 둥그렇게 모여 앉아 직박구리를 봅니다"로 시작되는 시 '조각구름'은 대전시 동구 대동에 실재하는 카페 상호명이기도 하다. 2024년 4월 13일, 카페 조각구름 앞마당에서 기념사진을 찍은 우리 넷(길상호/송진권/이근일/이정현)은 K가 쓴 시 「조각구름」을 읽을 때마다 마음의 몽글거림을 어쩌지 못한다. 어디 그뿐일까. 「심천」은 연원이 깊다. 2018년 10월 4일로 거슬러 올라가야 한다. 길상호 시인을 소개하기 위해 옥천을 찾은 그날, 송진권 시인은 우리를 '심천'으로 안내했고 그날의 정경이 시 「심천」에 빼곡하다. 다시, 장소는 시가 되고 언어로 박제된 시는 스스로 영생에 이르려는 듯 장소마저 끌어안는다.

깊은 게 뭔지 몰랐다
밤이 길게 서기 전에 당신은 오지 않았다

다 자라면 심천이 될까
하나의 역사가 세워질까

동네는 조용했지만
마음이 시끄러웠다

― 「심천」 부분

천사는 유리창 같은 얼굴
하루의 얼룩이 다 기록되어 있죠

담배나 한 가치 피우고 와요
금연구역은 잠시 눈에서 지우고요

역 앞 커피숍에 출근하는 사내의 가방은 가득
천사를 집어넣었을지도 몰라요

낯선 풍경이 지하서 올라와 커피를 마셔요
여닫을 때마다
들숨 날숨
(……)
쓰고 달콤한 말로 주문을 받는
미카엘

오늘도 천사와 함께 그곳에 가요

—「미카엘」부분

다섯(길상호/김명신/송진권/이근일/이정현)이 모여 함께
만든 앤솔러지 『다섯 더하기 시선은 하나』는 공동창작물인

데 수록된 시 「미카엘」(길상호)은 한때나마 반월역 앞에 잠시 머물렀던 카페 '미카엘'에 대한 '우정시편'이다. (K의 '우정시편'은 전방위적이어서 사물에게도 향하는가) "오늘도 천사와 함께 그곳에 가요". 매일매일 커피를 내리던 천사장 '미카엘'은 사라졌고 천사가 내려준 커피를 더는 마실 수 없음을 깨닫는 순간, 시 「미카엘」은 활자를 찢고 우리들 마음을 급습한다. 『오늘의 이야기』 이후 K의 시는 사사로워지기 시작했다. 명백하게 「노랑」은 저 시가 '봄시편'이면서 '누나시편'이고 '두츠시편'이자 '질병시편'임을 우리에게 알리고 있다. 보아도 보이지 않는 '우정시편' 「노랑」은 차라리 부록에 가깝다. *"이제 그만"(「슬리퍼는 축축하고」) "앉았다 일어나면 어지러워요(…)노란 얼굴 들어 나를 보세요(「노랑」) 오늘은 여기까지!* 넷째 날 읽기 끝.

다섯째 날 읽기: K 그리고 나

그를 처음 만난 2018년 봄 이후, 이런저런 이유로 지금껏 쭉 나는 K의 시에 특화돼 있다(고 누가 인정하거나 말거나 혼자 생각 중이다.) 최근 시집 세 권에 연거푸 해설을 보탠 건 큰 이유가 되지 않는다. 가장 무서운 건 '일상'이다. 그와 나는 7년째 일상을 공유 중이다. 그가 8월 하순 무렵, B 선생님

초청에 응해 2주간 호주에 다녀온 걸 누가 알까. 마찬가지로 지난주 6일 일정으로 고향 정읍에 다녀온 사실을 그가 아니면 누가 알까. 심지어 정읍에 내가 왜 갔고 그곳에서 무엇을 하며 시간을 보냈는지 그만큼 아는 이가 또 있을까. 그는 귀신과도 같아 스스로 "얼굴 없는 여자"마냥 내 "머리맡에 앉아"(「밤과 피아노」) 나를 살피기까지 한다. K의 동거묘 운문이가 죽던 그날이 떠오른다.

"동물병원에 전화번호를 잘못 적어놔/마지막 말을 전하지 못했"(「운문이는 구름」)어요. "불광사 플라스틱 모란 아래"(「심지어 천 년 후에도」) 잠든 '셋째 누나'는 물론, 동거묘들(물어, 산문이 운문이)마저 세상을 떠날 때 그는 가장 먼저 내게 소식을 알렸다. (나는 그의 유사가족인가? 여전히 잘 모르겠다.) K와 그의 동거묘들이 보낸 시간을 나는 가늠조차 할 수 없다. 독산동 시절, 산문이와 함께 찍은 사진을 떠올릴 시간이다. 고양이쉐타를 입은 K의 왼쪽 어깨 위에 내려앉아 고개를 갸우뚱거리는 산문이는 작은 고양이였다.

  독산동 빌라 꽃이 피었습니다
  어깨 위에 내려앉은 고양이
  꽃에 긁히면 핏방울 송이송이 활짝

산문이는 피를 한참이나 바라봅니다
꽃이 벌어지는 속도로 봅니다
그 눈동자는 너무 얇아
오래 보면 찢어질 것 같아서
가만히 책에 끼워 담았습니다
마지막 장을 오줌으로 적셔 놓더니
산문이의 페이지는 짧았습니다
벚꽃은 서둘러 집니다
야옹 야옹 야옹
바닥에 바닥이 쌓입니다

—「산문이는 벚꽃」 전문

역시 이런저런 이유를 들어 K가 나를 염려할 때마다 그의 말을 받아 되돌려줄 수밖에. "당신이 잠깐 머물던 이곳/당신을 잠깐 만났던 나는 걱정 말아요"(「내일 모레 고양이」, 『오늘의 이야기』) "이제 그만"(「슬리퍼는 축축하고」) "앉았다 일어나면 어지러워요(…)노란 얼굴 들어 나를 보세요(「노랑」) 오늘은 여기까지! 다섯째 날 읽기 끝.